Das Buch der zufälligen Autofakten

Sneaky Press

Inhalte

Zufällige Fakten zur Autogeschichte

Das erste Auto wurde von Carl Benz gebaut und am 31. Dezember 1879 gefahren.

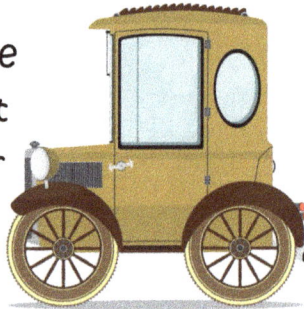

1998 wurde das letzte Auto vorgestellt, das mit einer Handkurbel gestartet werden sollte.

Während Autos früher Türschlüssel hatten, wurde erst 1949 ein Schlüssel zum Starten eines Autos verwendet.

Die britische Automobilfirma British Leyland wurde 1968 gegründet.

Das erste in Massenproduktion hergestellte Auto war das Model T von Ford.

1909 dauerte es 12 Stunden, um ein Model T zusammenzubauen.

Bis 1913 dauerte es dank der Fließbandfertigung nur noch 8 Minuten.

55% aller Autos auf der Straße im Jahr 1916 waren Model T Fords.

Ford produzierte zwischen 1909-1927 mehr als 15 Millionen Autos – das ist ein Durchschnitt von etwa 535.000 Autos pro Jahr.

Bis die letzten Model T im Jahr 1927 produziert wurden, konnten sie in 24 Sekunden montiert werden.

Das Model T kostete 1908 $850 (entspricht heute etwa $25000). Im Jahr 1925 konnte dasselbe Auto neu für $260 (entspricht heute etwa $8000) gekauft werden, als direkte Folge einer effizienteren Autoproduktion. (Diese Kosten sind in US-Dollar angegeben, da die Autos zu dieser Zeit dort produziert und gekauft wurden.)

Holden stellte in den 1850er Jahren Sättel her – ja, das Ding, das man auf ein Pferd setzt, um darauf zu reiten.

Peugeot begann 1890 mit der Herstellung von Autos, davor stellten sie Handwerkzeuge, Küchengeräte und Fahrräder her.

Rolls-Royce stellt Flugzeugmotoren sowie Luxusautos her.

Toyota stellt automatische Webstühle (Maschinen, die Stoff weben) sowie Autos her.

Neben Autos stellt SAAB auch Militärflugzeuge, Luftverkehrskontrollsysteme und Radar her.

Hyandai baut auch Schiffe, Motoren und andere Maschinen zusätzlich zu Autos.

Zufällige Fakten zur Autoherstellung

Es wird berichtet, dass jede Minute 115 Autos produziert werden, 6875 Autos pro Stunde, 165000 pro Tag und insgesamt 60 Millionen Autos pro Jahr!

25% aller produzierten Autos werden in China hergestellt.

In einem durchschnittlichen Auto gibt es über 30.000 einzigartige Teile.

Das erste Allradantriebsauto wurde im Jahr 1940 für das US-Militär produziert – es war ein Jeep.

Toyota produziert täglich 13.000 Autos und ist damit der größte Autohersteller der Welt. Ihr meistverkauftes Auto ist der Corolla, von dem bis August 2021 über 50 Millionen Autos verkauft wurden.

Ford produziert täglich zwischen 8000-10000 Autos.

Ferrari produziert nicht mehr als 14 Autos pro Tag.

Autoformen

Es gibt sechs Hauptformen von Autos.

Schraffur

Coupé

Limousine

Ute

Allradantrieb

Van

Zufällige Fakten zur Autosicherheit

Der Tag mit den meisten Autounfällen ist Samstag.

Die meisten Unfälle passieren innerhalb von 5 km von einem Zuhause entfernt.

Das Tragen eines Sicherheitsgurtes beim Fahren in einem Auto reduziert das Risiko eines Todes bei einem Unfall um 61%.

Der Dreipunkt-Sicherheitsgurt wurde von Volvo im Jahr 1959 erfunden und rettet alle sechs Sekunden ein Leben. Volvo erlaubte allen anderen Autoherstellern, das Design zu kopieren, damit die Menschen sicherer sein könnten, egal in welchem Auto sie sich befanden.

Airbags wurden erstmals in einige Autos im Jahr 1974 eingeführt.

Ein Airbag benötigt zum Aufblasen nur 40 Millisekunden.

Zufällige Fakten zum Autorennen

Das erste Autorennen fand am 22. Juli 1894 in Paris statt.

Autorennen finden sowohl auf öffentlichen Straßen als auch auf Rennstrecken statt.

Rallye-Rennen beinhalten normale Autos, die zum Rennen modifiziert wurden.

Derzeit können nur Ford Fusions, Dodge Chargers, Chevrolet Impalas und Toyota Camrys an NASCAR-Rennen teilnehmen.

Formel-1-Rennen beinhalten speziell entwickelte sehr schnelle Autos, die Runden um eine spezielle Strecke fahren.

Es gibt etwa 15-20 Formel-1-Rennen pro Jahr, die von verschiedenen Ländern auf der ganzen Welt ausgetragen werden. Diese Rennen zusammen werden als Grand Prix bezeichnet. Der Gewinner des Grand Prix ist das Team, das im Laufe des Jahres am erfolgreichsten war.

Das erste Formel-1-Rennen fand am 13. Mai 1950 im Vereinigten Königreich statt.

Auto-Erste

Der erste Autounfall ereignete sich im Jahr 1891.

Die erste Straßentrennlinie wurde 1911 in Michigan, USA, gemalt.

Die ersten Ampeln wurden 1914 in Cleveland, USA, installiert.

Das erste Schild, das Linksabbiegen verbot, wurde 1916 in New York, USA, installiert.

Zufällige Autofakten

Es wird angenommen, dass ein modernes Formel-1-Auto kopfüber in einem Tunnel fahren kann, wenn es mit einer Geschwindigkeit von etwa 190 km/h fährt.

Das niedrigste jemals produzierte Auto ist weniger als 50 cm hoch – es heißt Flatmobile.

Der Rekord für das Entfernen und Ersetzen eines Automotors wurde im November 1985 aufgestellt und beträgt 42 Sekunden.

Das längste jemals gebaute Auto ist eine Cadillac-Limousine, die mehr als 30 Meter lang ist und über 20 Reifen verfügt.

Halten Sie sich für einen Sänger? Es scheint, dass die meisten Menschen, die Autos fahren, das tun. 90% aller Fahrer singen auf der Straße.

Autos sind das am häufigsten recycelte Produkt der Welt.

In Großbritannien hatten Polizeiautos früher einen Vorrat an Teddybären, falls Beamte auf ein Kind stießen, das bei einem Autounfall beruhigt werden musste.

In Hongkong gibt es mehr Rolls-Royces als irgendwo sonst auf der Welt.

2018 wurden in den Vereinigten Staaten von Amerika etwa 75% aller verkauften Gebrauchtwagen entweder schwarz, weiß, grau oder silberfarben verkauft.

Autos ohne Kraftstoffanzeige her. Sie konnten überprüfen, wie viel Kraftstoff Sie mit einem Messstab hatten.

Etwa 65% der Autofahrer weltweit fahren auf der rechten Straßenseite.

Räder werden seit sehr langer Zeit von Menschen verwendet. Das älteste entdeckte Rad stammt aus dem Jahr 3500 v. Chr. Es wurde in Mesopotamien gefunden.

Fahrer in Turkmenistan haben Anspruch auf 120 Liter kostenlosen Kraftstoff pro Monat.

In Norwegen sind die Hälfte aller verkauften Neuwagen entweder elektrisch oder hybridbetrieben.

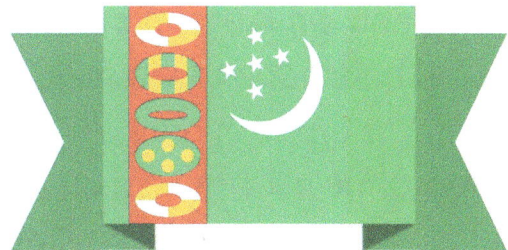

Leonardo da Vinci entwarf im Jahr 1478 ein Auto. Das Institut und Museum für Wissenschaftsgeschichte in Florenz Italien hat eine Nachbildung dieses Autos, das schließlich im Jahr 2004 gebaut wurde.

Rolls-Royce-Besitzer lieben und pflegen ihre Autos wirklich – 75% aller Rolls-Royces sind noch auf der Straße unterwegs.

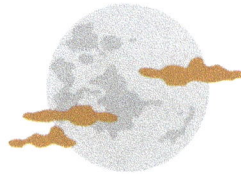

Wenn ein Auto mit einer durchschnittlichen Geschwindigkeit von 96 km/h durch die Luft fahren könnte, ohne nachtanken zu müssen, würde es Sie in weniger als einem Monat zum Mond bringen.

Viele neue Autos sind sehr leise, so leise, dass sie gefälschte Motorengeräusche über die Lautsprecher abspielen.

In Russland ist es verboten, mit einem schmutzigen Auto herumzufahren.

Das erste Bußgeld wegen Geschwindigkeitsüberschreitung wurde im Jahr 1902 für ein Auto ausgestellt, das mit etwa 72 km/h fuhr.

Früher war es in einigen Teilen der Schweiz verboten, eine Autotür zuzuschlagen.

Auto-Mythen

Pferdestärken beziehen sich auf die tatsächliche Geschwindigkeit eines Pferdes – es ist eigentlich nur eine Möglichkeit zu messen, wie viel Arbeit in einer bestimmten Zeit geleistet wird.

Kleinere Autos sind bei einem Unfall gefährlicher für Passagiere.

Die Kosten für die Kfz-Versicherung hängen von der Farbe Ihres Autos ab.

Alte Autos sind sicherer.

Schmutzige
Autos sind
Kraftstoff-Effizienter.

Das Auffüllen Ihres
Kraftstoffs am Morgen
bringt Ihnen besseren
Kraftstoff.

Sie müssen einen
Automotor bei kaltem
Wetter aufwärmen.

Schaltwagen sind
kraftstoffeffizienter
als Automatikwagen.

Auto-Trivia

1. Was wird zum Aufpumpen von Autoreifen verwendet?

2. Welche sind die häufigsten Kraftstoffe, die zum Betrieb von Autos verwendet werden?

3. Welche Autotypen werden oft als Arbeitsfahrzeuge verwendet?

4. Welche Veränderungen können Sie an Autos vornehmen?

Antworten

1. Luft

2. Benzin, Gas, Diesel und Strom

3. Lieferwagen und Utes

4. Hinzufügen von Dingen wie Spoilern und Schiebedächern, die Farbe des Autos, aus was die Sitze bestehen.

Weitere Titel in der Zufallswissen-Reihe

Das Buch der zufälligen Weltraumfakten

Das Buch der zufälligen Flugzeugfakten

Das Buch der zufälligen Sprachfakten

Das Buch der zufälligen Schlaffakten

Das Buch der zufälligen Gehirnfakten

www.ingramcontent.com/pod-product-compliance
Lightning Source LLC
Chambersburg PA
CBHW080429030426

42335CB00020B/2646